qui suis-je ?

une grenouille

Texte de
Barry Clarke
Photographies originales de
Jerry Young
Illustrations de
John Hutchinson, Ruth Lindsay et Polly Noakes
Traduit de l'anglais par Marie Farré

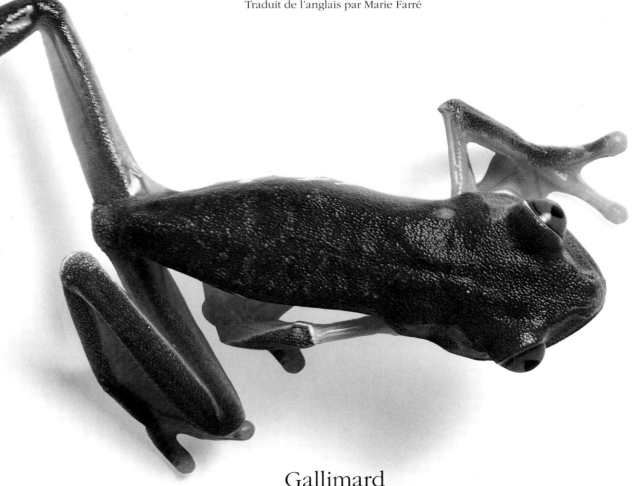

Gallimard

Conseiller éditorial : Jean Lescure,
chargé de recherche au C.N.R.S.,
président de la société Herpétologique de France
Animaux photographiés prêtés par
Trevor Smith's Animal World

ISBN 2-07-031606-8

© Dorling Kindersley Limited, Londres, 1990
Titre original : AMAZING FROGS AND TOADS
© Editions Gallimard, Paris, 1991, pour la traduction française
Dépôt légal janvier 1991 - N° d'édition 50437
Imprimé en Italie par A. Mondadori Editore, Verona

Sommaire

Qu'est-ce qu'une grenouille?

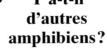

Les grenouilles et les crapauds ont des corps trapus et de grosses têtes aux yeux saillants. Ils n'ont ni cou ni queue, ni plumes ni écailles. Ce sont des amphibiens, ou batraciens, c'est-à-dire qu'ils vivent à la fois sur terre et dans l'eau.

Y a-t-il d'autres amphibiens?

Oui. Les tritons et les salamandres, qui ont une longue queue, et les cécilies, qui ressemblent à de grands vers.

crâne

quatre doigts

cinq orteils

salamandre

cécilie

cœur

poumon

Peau aérée

Comme toi, les grenouilles ont des poumons pour respirer. Mais à la différence de toi, elles respirent aussi à travers leur peau.

Bonnes pattes

Grâce à leurs pattes arrière très longues, les grenouilles sautent et nagent bien.

Cette grenouille a la peau lisse et humide.

Pattes à tout faire

Certains crapauds ont les orteils pointus pour mieux creuser, les rainettes ont les orteils adhésifs pour mieux grimper et les grenouilles, les pattes palmées pour mieux nager.

pour creuser *pour grimper* *pour nager*

Yeux brillants

L'iris de la grenouille, partie colorée de l'œil, peut être rouge, brun, noir, vert, argenté, bronze ou doré. La pupille noire n'est pas toujours ronde mais parfois triangulaire ou en forme de cœur !

Préhistoire

Les insectes faisaient les premiers bruits, mais le premier chant fut sans doute celui d'une grenouille.

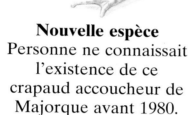

Nouvelle espèce

Personne ne connaissait l'existence de ce crapaud accoucheur de Majorque avant 1980.

Ce crapaud a la peau boutonneuse et sèche.

Grenouille, crapaud ou... rainette?

Les grenouilles vivent dans ou près de l'eau, les crapauds sur terre et les rainettes, sur les arbres ou dans les hautes herbes.

Grenouilles à l'eau !

Presque tous les amphibiens vont dans l'eau pour pondre leurs œufs. Certains, comme les grenouilles, y passent toute leur vie.

Quelle goulue !
Cette grenouille du Chili passe presque tout son temps dans les rivières et les lacs. Gloutonne, elle essaie même de manger des animaux plus gros qu'elle.

Plate comme une crêpe
La grande grenouille du Chili a le corps aplati et mou et de longues pattes favorisant la nage.

Savant patient
Le spécialiste des grenouilles, ou herpétologiste, passe des heures à les observer près des mares.

Grenouilles poilues ?
Les « poils » sur le corps de cette grenouille mâle sont en réalité de minuscules bourrelets de peau; grâce à eux, elle respire plus facilement.

Déguisement

Cet homme qui nage sous l'eau avec un masque et des palmes s'appelle un homme-grenouille.

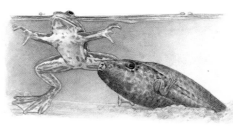

Gros têtard deviendra petit…

Qui croirait qu'un si gros têtard ne deviendra qu'une petite grenouille ? Cette espèce s'appelle grenouille paradoxale ou grenouille Jackie.

Chanteur de charme

Quand un crapaud mâle chante, il dilate la peau de sa gorge qui gonfle comme un ballon… presque aussi gros que lui ! Chez les amphibiens, seuls les mâles chantent.

Sauve-toi !

Les grenouilles sautent dans l'eau à l'approche du danger.

Crapauds sous terre

Pour bien des crapauds, la vie est plus sûre sous terre que sur terre. Dans un trou, ils se protègent des prédateurs et trouvent de quoi se nourrir. Beaucoup d'entre eux, comme ce crapaud à bouche étroite de Malaisie, sont des maîtres fouisseurs.

Pétrifié
Assis sur un tapis de feuilles, ce petit crapaud a l'air d'une pierre gluante.

Croupe la première…
Le crapaud catholique creuse à reculons. Il agite les pattes postérieures, munies de « bêches » qui raclent la terre, de façon à s'enterrer. Seule la tête dépasse pour guetter sa proie.

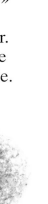

Tête la première…
Certains crapauds creusent à l'aide de leur dur museau pointu qu'ils enfoncent dans la terre comme une pelle. Puis ils utilisent leurs pattes avant pour s'enfouir.

… les pattes en dernier !
A l'aide de ses pattes postérieures, le crapaud disparaît petit à petit sous terre.

Sous la pluie
Ces petits crapauds ne voient le jour qu'à la saison des pluies. Ils passent le plus clair de leur temps dans des tunnels ou sous des bûches, abris qu'ils partagent avec les scorpions. Pas étonnant qu'ils semblent si dégoûtés !

Des doigts durs
Ce crapaud des joncs creuse le sable sans « bêches », grâce au bout dur de ses doigts.

Ce crapaud de Malaisie a de courtes et fortes pattes arrière pour creuser le sol, croupe la première.

Récit édifiant
Un jour, une grenouille et une souris attachèrent leurs pattes ensemble en gage d'amitié. Pour déjeuner, la grenouille sauta dans la mare et noya la pauvre souris. Attiré par le corps flottant de la souris, un faucon l'emporta…
… avec la grenouille.

13

La vie dans les arbres

Certaines rainettes ne descendent jamais de leur arbre. Elles mangent, dorment, s'accouplent et pondent leurs œufs dans les branches ou les feuilles.

Combat dans les arbres
La rainette vit dans les arbres ou dans les hautes herbes. Elle se battra pour protéger sa feuille, sa branche. Son arbre est son domaine.

Ses gros yeux rouges repèrent la nourriture et le danger.

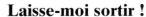

Ecran total
Pour protéger sa peau du soleil, cette rainette d'Amérique du Sud sécrète une huile cireuse dont elle s'enduit tout le corps.

Laisse-moi sortir !
Autrefois, pour prévoir la météo, on gardait des rainettes vertes dans des bocaux avec un peu d'eau et une échelle, croyant qu'elles la montaient ou la descendaient quand le temps changeait…

Antidérapants
Grâce aux
ventouses
au bout de
leurs pattes,
les rainettes
grimpent
bien sur les
feuilles glissantes.

Championne de saut
Pour atterrir sur
la bonne feuille,
les rainettes volantes
se dirigent en l'air avec
leurs pattes palmées.

*coussinets
adhésifs
pour
s'agripper*

**Rainette
aux yeux rouges**
Elle pond ses œufs
sur des feuilles qui
pendent au-dessus
de l'eau. Quand ils
éclosent, les têtards
tombent à l'eau.

**Chantons
sous les arbres**
Cette petite
rainette
mexicaine
fait la sérénade
à sa belle.

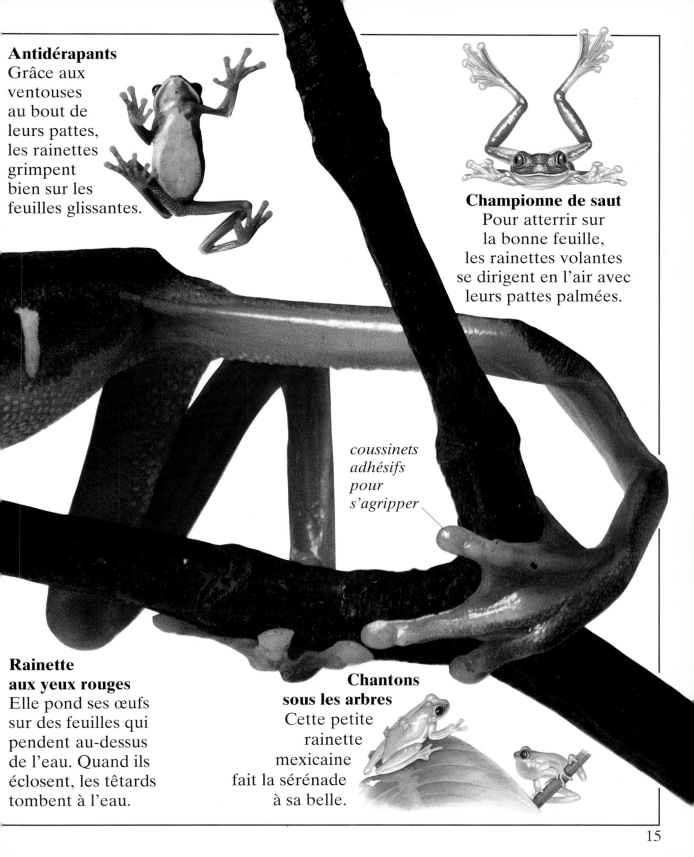

Les rainettes en herbe

Certaines rainettes habitent les buissons, les roseaux et les hautes herbes. Elles grimpent de feuille en feuille, s'agrippant avec leurs doigts adhésifs.

Le sonneur
Son chant argentin est le premier signe du printemps dans certaines régions des Etats-Unis.

Les Australiens partagent parfois leurs baignoires avec cette grande rainette.

Rien à cacher
Tu peux voir le cœur et les organes à travers la peau de cette rainette transparente.

Nid d'écume
Certaines rainettes femelles sécrètent un liquide blanc qu'elles battent en neige avec leurs pattes arrière. Elles pondent leurs œufs dans ce nid qui durcit tout en restant humide à l'intérieur.

Œufs cachés
La rainette dorée pond ses œufs sur un nid de feuilles sur l'eau. Puis elle replie les feuilles et les colle comme une enveloppe.

Baby-sitting
Le mâle des rainettes transparentes veille sur les œufs pour écarter les ennemis. Il pose parfois une patte sur le bord de la pelote d'œufs.

Curieuse
Cette rainette australienne est chez elle sur cette branche d'arbre. Mais elle aime bien aussi faire un tour dans la maison.

Tomber dans la pluie
Quand il pleut, la ponte de la grande rainette australienne devient un cocon d'eau et crève. Les têtards tombent alors dans l'eau.

17

Bon appétit !

Les grenouilles ne font pas trois repas par jour comme nous. Elles arrivent à rester longtemps sans se nourrir. Mais dès qu'elles ont l'occasion de manger, elles mangent beaucoup. Qui sait quand viendra le prochain repas ?

Le crapaud ferme les yeux quand il avale – les globes de ses yeux rentrés forcent les aliments à descendre.

Langue adhésive

Beaucoup de grenouilles et de crapauds ont une langue visqueuse qu'ils projettent hors de la bouche pour capturer leur proie. Lorsqu'elle a immobilisé l'insecte dans sa bouche, la grenouille l'avale tout rond, sans mâcher.

Lunatique

Les éclipses de lune sont produites par l'ombre de la Terre projetée sur la Lune. Mais selon une vieille légende chinoise, il y avait une éclipse lorsqu'une grenouille à trois pattes avalait la Lune.

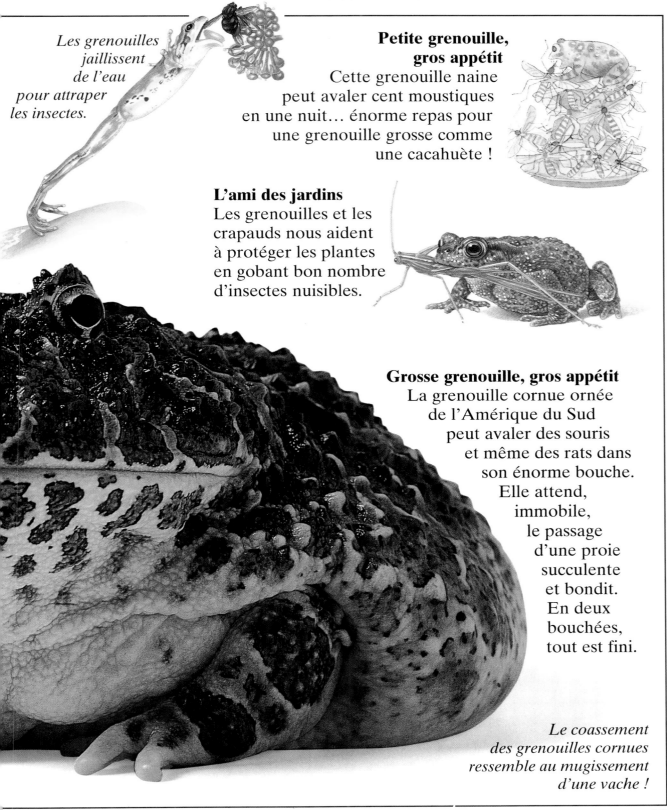

Les grenouilles jaillissent de l'eau pour attraper les insectes.

Petite grenouille, gros appétit
Cette grenouille naine peut avaler cent moustiques en une nuit… énorme repas pour une grenouille grosse comme une cacahuète !

L'ami des jardins
Les grenouilles et les crapauds nous aident à protéger les plantes en gobant bon nombre d'insectes nuisibles.

Grosse grenouille, gros appétit
La grenouille cornue ornée de l'Amérique du Sud peut avaler des souris et même des rats dans son énorme bouche. Elle attend, immobile, le passage d'une proie succulente et bondit. En deux bouchées, tout est fini.

Le coassement des grenouilles cornues ressemble au mugissement d'une vache !

Ni trop chaud, ni trop froid

Les amphibiens ont le sang froid. C'est-à-dire que la température de leur corps est à peu près la même que la température à l'extérieur : elle monte s'il fait chaud et descend quand il fait froid. Pour garder la chaleur, les grenouilles s'asseyent au soleil, et se mettent à l'ombre ou dans l'eau pour se rafraîchir.

Une grenouille taureau d'Afrique adulte peut te mordre si tu la déranges.

Cocon antisécheresse
La grenouille taureau d'Afrique s'enfouit sous terre. Elle s'enveloppe dans un cocon qui l'empêche de se dessécher par temps chaud. Quand il pleut, les gouttes s'y infiltrent, réveillant la grenouille.

Jeu de pattes

Une rainette qui a chaud replie ses quatre pattes sous elle pour se tenir au frais. Fait amusant, elle agit de même par temps froid, pour se réchauffer.

Chantons sous la pluie

Les grenouilles des pays tropicaux se reproduisent à la saison des pluies. Le mâle se met alors à coasser pour attirer ses partenaires.

Grenouilles congelées

Quatre espèces de grenouilles peuvent endurer l'hiver glacial du Canada. Recouvertes de glace, elles respirent à peine et leur cœur bat au ralenti.

Eau en stock

Ce crapaud vit dans le désert d'Australie où il pleut à peine. Son corps peut stocker d'énormes réserves d'eau.

Réveille-moi quand il fera beau...

Pour échapper aux frimas de l'hiver, de nombreux amphibiens hibernent, en se cachant sous un rondin ou en s'enfonçant dans la vase d'une mare.

... ou quand il fera froid

Dans les pays tropicaux, les amphibiens évitent la chaleur en dormant tout l'été jusqu'au retour de la pluie : ils estivent.

Comment éviter d'être mangé

Les amphibiens sont un mets apprécié de nombreux animaux. Pour ne pas finir croqués, ils peuvent se cacher ou se donner une apparence féroce et terrifiante. Parfois même leurs glandes sécrètent un poison qui les rend venimeux.

Guetter

Souvent, les grenouilles qui vivent dans les mares, dans les lacs et les cours d'eau ne laissent émerger que le haut de leurs têtes. A l'approche du danger, elles plongent.

Se cacher

Certaines rainettes se confondent parfaitement avec leur environnement, comme celle-ci sur sa feuille de nénuphar.

Intimider

Pour faire fuir les serpents, ce crapaud, juché sur la pointe des pattes, se gonfle de façon à paraître deux fois plus gros.

Glandes à venin
Les crapauds ont des glandes venimeuses derrière les yeux. Si un chien essaie d'en saisir un, le venin jaillira dans sa gueule et peut l'empoisonner.

Jaune mortel
Cette rainette terrible de Colombie est si venimeuse qu'il ne faut même pas la toucher. Son venin peut tuer 20 000 souris.

Flèches empoisonnées
Des Indiens d'Amérique du Sud enduisent leurs flèches du venin de cette rainette terrible pour chasser à la sarbacane.

Je suis un hibou et je vais te manger !
Quand elle a peur, la grenouille aux ocelles arrondit le dos pour montrer ses «faux yeux». Si ce spectacle ne suffit pas, un liquide nauséabond suinte autour de ses ocelles : l'odeur écarte les ennemis.

Ce crapaud vert se cache le jour et sort la nuit.

23

Vive les couleurs !

Tous les amphibiens ne sont pas bruns ou verts. Il y en a des jaunes, des orangés, des dorés, des rouges, des blancs et même des bleus… avec parfois de jolis motifs aux couleurs vives.

Rouge vif
Ne prends pas cette espèce de rainette rouge et appétissante pour une fraise !

Attention, danger !
Les couleurs brillantes, surtout le jaune et le rouge, avertissent les prédateurs que cet amphibien n'est pas bon à manger mais venimeux.

Le beau bleu
La couleur vive de cette rainette bleue mâle attire les femelles.

On dirait que le sonneur a trempé le bout de ses doigts dans un pot de peinture rouge.

24

Passer inaperçu

Les soldats portent un uniforme kaki afin de se fondre dans la campagne. C'est du camouflage.

Me vois-tu ?

Tu vois bien cette grenouille striée du sud de l'Amérique ? Mais, cachée parmi les roseaux et les hautes herbes, tu aurais du mal à l'apercevoir.

Ombre et lumière

Cette petite rainette africaine semble faire partie de son brin d'herbe. Ses rayures sombres et claires se fondent dans les dessins que fait le soleil sur les roseaux.

bande large

bande fine

Habit rayé

La bande claire qui parcourt le dos de ces deux grenouilles les rend difficiles à voir.

Faire peur

Vu de dessus, le sonneur oriental se confond avec un sol de feuilles. Si on le dérange, il arrondit le dos et le bout des pattes pour montrer ses couleurs vives, ce qui fait fuir le prédateur.

Drôles de formes

Toutes les grenouilles ne ressemblent pas…
à des grenouilles ! Certains amphibiens ont de toutes petites
têtes, d'autres des têtes en bec de canard, d'autres
encore ressemblent à des feuilles. Leur forme
étrange leur permet de s'adapter à leur
environnement.

Feuille morte
Le crapaud-feuille d'Asie
a des replis de peau, ou
cornes, au-dessus des
yeux et un museau
pointu. Sa peau brune
et déchiquetée le fait
ressembler aux
feuilles mortes
qui jonchent
le sol de la
forêt.

Tête casquée

La forme surprenante de cette rainette l'aide à se fondre dans son milieu. Sa drôle de tête, avec deux fourchons à l'arrière, un nez pointu et un crâne osseux, évoque un casque.

Taupe ou crapaud ?

Le crapaud-taupe d'Australie vit dans les lieux sablonneux et dans les termitières. Avec sa petite tête, ses petits yeux et son museau rond, en train de creuser à l'aide de ses fortes pattes avant, il ressemble exactement à une taupe.

Quel poids !

Selon une légende chinoise, le monde était posé sur le dos d'une grenouille géante à trois pattes. Le moindre de ses mouvements déclenchait un tremblement de terre.

Tête en forme de cuillère

Cette rainette mexicaine entre à reculons dans les trous des branches et des arbres. Comme sa tête osseuse s'adapte au trou comme un bouchon, les prédateurs ont bien du mal à s'emparer de l'animal.

Feuille verte

Par sa forme et par sa couleur, ce petit crapaud de Darwin ressemble à une feuille verte et passe inaperçu.

Grenouilles et têtards

Des œufs sortent les têtards qui vont devenir de petites grenouilles. Cette étonnante transformation s'appelle la métamorphose.

1. Quand le têtard sort de l'œuf, il a une grosse tête et le corps rond, une queue mais pas de pattes.

2. De petites pattes arrière apparaissent plus tard. Grâce à elles et à sa queue, il peut nager. Il respire par les branchies.

3. Puis ses pattes avant sortent. Le corps du têtard commence à grandir. Maintenant, il respire par les poumons.

4. Tandis que son corps grandit, la queue du têtard se résorbe.

5. Enfin, le têtard est devenu une minuscule grenouille, comme sa mère, en beaucoup plus petit.

Grenouilles dans la gorge...

Le crapaud de Darwin mâle avale ses têtards dans une poche située dans sa gorge. Plus tard, il recrache de petits crapauds, un par un.

... et dans l'estomac

Cette grenouille à l'estomac incubateur avale ses œufs ou ses têtards et les garde dans l'estomac. Plus tard, les petites grenouilles sortiront par la bouche de maman !

A dos

Quand ses têtards éclosent, cette rainette les transporte sur son dos jusqu'à l'eau.

Papa attentif

Le crapaud accoucheur porte les grappes d'œufs autour de ses pattes arrière.

A poches

Le mâle de la grenouille à poches porte ses têtards dans de petits sacs, de chaque côté de son corps.

Attachants

Les femelles du crapaud de Pipa portent leurs œufs incrustés sur la peau spongieuse du dos.

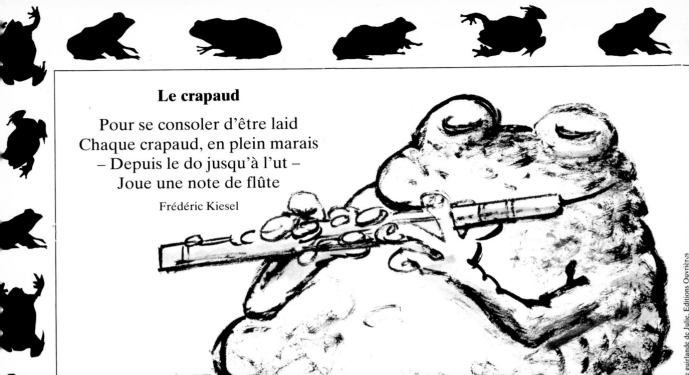

Le crapaud

Pour se consoler d'être laid
Chaque crapaud, en plein marais
– Depuis le do jusqu'à l'ut –
Joue une note de flûte

Frédéric Kiesel

La grenouille

Accroupie
à son bar d'eau sale
Dans l'attitude
d'un bouddha,
Son long croassement
exhale
De grosses
bulles de soda

Marcel Mompezat

Illustrations de Serge Bloch / Poèmes : La grenouille, Les Tablettes de Noé, Librairies-Imprimeries Réunies; Le crapaud, Nouvelle guirlande de Julie, Editions Ouvrières

Il pleut, il mouille, c'est la fête
à la grenouille ! Voici des jeux signés
Rafouille ! Suivez-moi de nénuphar
en nénuphar...
Venez vite, ne soyez pas en retard !

Une batterie de questions batraciennes

Trouve la bonne réponse parmi les trois propositions sans t'aider de ton livre. Sauf si tu as un trou de mémoire.

1 Le spécialiste des grenouilles s'appelle...
A. Un amphibien
B. Un grenouillologue
C. Un herpétologiste

2 Les grenouilles...
A. Jacassent
B. Cancanent
C. Coassent

3 La transformation du têtard en grenouille s'appelle...
A. La têtamorphose
B. La métamorphose
C. La transgression

4 Les grenouilles et les crapauds sont...
A. Des mammifères
B. Des rongeurs
C. Des batraciens

5 Chez les amphibiens, qui chante ?
A. Le mâle
B. La femelle
C. Toute la famille

6 On dit que la grenouille qui monte à l'échelle de son bocal prédit...
A. Un temps ensoleillé
B. Un temps pluvieux
C. Un changement de temps

7 Les grenouilles saisissent les insectes...
A. En inspirant l'air, comme un aspirateur
B. En les assommant d'un coup de patte
C. En les collant sur leur langue visqueuse

8 Tu peux facilement reconnaître un crapaud par sa peau...
A. Lisse et humide
B. Boutonneuse et sèche
C. Recouverte d'écailles

9 Les couleurs vives de certaines rainettes avertissent les prédateurs qu'elles sont...
A. Délicieuses
B. Venimeuses
C. Visqueuses

10 Les rainettes ont les orteils...
A. Palmés pour mieux nager
B. Pointus pour mieux creuser
C. Adhésifs pour mieux grimper

11 La rainette aux yeux rouges pond ses œufs...
A. Sur des feuilles qui pendent au-dessus de l'eau
B. Dans un nid qu'elle creuse dans la terre
C. Au fond d'une mare, à l'abri d'un rocher

12 Le crapaud ferme ses yeux quand il avale...
A. Pour mieux apprécier le goût de sa proie
B. Pour mieux faire descendre sa nourriture dans son estomac
C. Parce que, une fois son repas terminé, il tombe de sommeil

Réponses :
1C. 2C. 3B. 4C. 5A. 6C. 7C. 8B. 9B. 10C. 11A. 12B.

Connais-tu ce plat ?

Crapaud-météo

Les crapauds annoncent de leur chant l'arrivée de la pluie :
« Chante, crapaud,
Nous aurons de l'eau »
« Quand le crapaud prend sa voix
[haute,
Nous aurons de la pluie sans faute »
« La rainette de sortie
S'en va chercher la pluie »

Animots croisés

En t'aidant des définitions, à droite, remplis la grille ci-contre.
Dans une colonne verticale, apparaîtra alors ce que fait le crapaud quand il a quelque chose à dire.

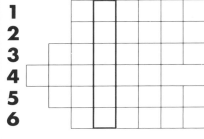

1 Faux œil sur le dos du crapaud.
2 Nid douillet qui protège les têtards.
3 Il creuse des maisons souterraines.
4 C'est une sorte de venin.
5 Le crapaud le gobe en un clin d'œil.
6 Ces vilains boutons parsèment la peau du crapaud.

Crapaud bizarroïde

En se métamorphosant, ce crapaud a pris une drôle d'allure !
De quels autres animaux est-il formé ?

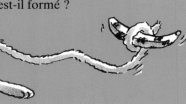

Où se cache la grenouille ?

J'aime l'humidité !

La grenouille est la reine de la météorologie de nos ancêtres.
Connais-tu ces dictons ?
« Grenouilles qui coassent le jour,
Pluie avant trois jours »
« Si chantent fort les grenouilles,
Demain, le temps de la Gribouille »
« Quand les grenouilles coassent,
Point de gelées ne menacent »

Devinette

Quel est le fruit le plus animal ?
– C'est la pomme de reinette.

Comptine

Dans une citrouille
Y avait un crapaud volant
Qui mangeait des nouilles
Avec un cure-dent !

e crapaud de Pau

n sait que le crapaud de Pau
'a plus que les os et la peau,
Mais sitôt qu'il voit le drapeau
met à la main son chapeau.

Brigitte Level, *L'Arche de Zoé*

Jean de La Fontaine l'a raconté...

Connais-tu l'histoire de la grenouille qui veut se faire aussi grosse que le bœuf ? Elle se gonfla tant et si bien qu'elle éclata !
Conclusion :
Voici ce qui arrive aux petits prétentieux !

Cachés dans les marais

L'hiver, grenouilles et crapauds s'enfouissent dans une cachette pour lutter contre le froid. Combien d'amphibiens peux-tu retrouver cachés dans l'image ?

Mots-crapauds

Un crapaud qu'est-ce que c'est ?
– un petit fauteuil
– une tache noire dans un diamant
– un piano à queue très court

Les trois !

Devinette-grenouillette

Une seule bonne réponse :
Une grenouillère, c'est…
A Un nid pour têtards
B Un filet pour pêcher les grenouilles
C Une combinaison pour bébé

Réponses

Devinette-grenouillette : C
Cachés dans les marais : *11 amphibiens*
La grenouille se cache : sur-l-nez-nu-phare = sur un nénuphar
Ce crapaud bizarroïde est formé de : chien - cochon - hippopotame- zèbre - éléphant - poule - canard -kangourou- singe
Le crapaud **coasse** *(4e colonne)*
Animots croisés : *1 oeille - 2 cocon - 3 crapaud - 4 poison - 5 insecte - 6 verrue.*
Rébus : *lait-cui-sss-2-grr-nouilles = les cuisses de grenouilles*

Le concert des grenouilles

Au clair de lune, les rainettes font la fête : elles bondissent entre les roseaux au rythme de leurs chants ! Une seule d'entre elles n'est pas musicienne pour deux sous et baye aux corneilles dès qu'il s'agit de rejoindre le chœur de ses cousines ! Veux-tu jouer sa complainte ?

Prends six verres que tu remplis d'eau comme indiqué ci-dessous.

Numérote-les de 1 à 6.
Joue l'air indiqué en frappant

les verres d'un léger coup sec à l'aide d'une petite cuillère.

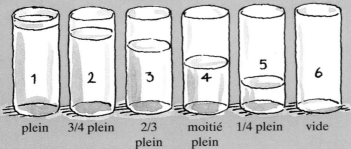

| plein | 3/4 plein | 2/3 plein | moitié plein | 1/4 plein | vide |

```
 1    1    5    5    6    6    5
Ah! - vous - di - rais - je -    ma- man

 4    4    3    3    2    2    1
ce - qui - cau- se - mon - tour - ment

 5    5    4    4    3    3    3    2
Pa - pa - veut- que - je -  pi - rou - ette

 5    5    4    4    3    3    3    2
comme -u - ne - gran- de - rai - net - te

 1    1    5    5    6    6    5
moi - je - dis - qu'un - gros - do - do

 4    4    3    3    2    2    1
ça - vaut -mieux -que - des - grands -sauts.
```

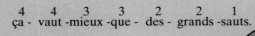

Le crapaud timide

Ni vu ni connu, c'est moi le crapaud pas beau !
Si tu me trouves, je me cache aussitôt derrière mes pattes !

Pour fabriquer cette carte-surprise, il te faut :
- deux feuilles de papier assez épais dont l'une de 24cm x 12cm,

- des ciseaux,
- de la colle,
- du papier calque,
- un crayon noir, et des crayons de couleur.

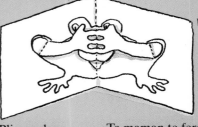

1 Plie en deux ta feuille de 24cm x 12cm. A l'intérieur de celle-ci décalque le corps du crapaud (modèle 1). La ligne en pointillé doit suivre la pliure centrale de ta feuille. Marque bien au crayon l'emplacement F et G des languettes à coller par la suite.

Ta maman te fera la fente XY.

2 Sur l'autre feuille décalque et découpe le modèle 2, plie selon les pointillés, colle le dos de la partie A sur la partie B. Applique ce modèle 2 sur le modèle 1, enfile la languette D dans la fente XY puis colle-la; enfin colle la languette C.

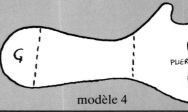

modèle 4

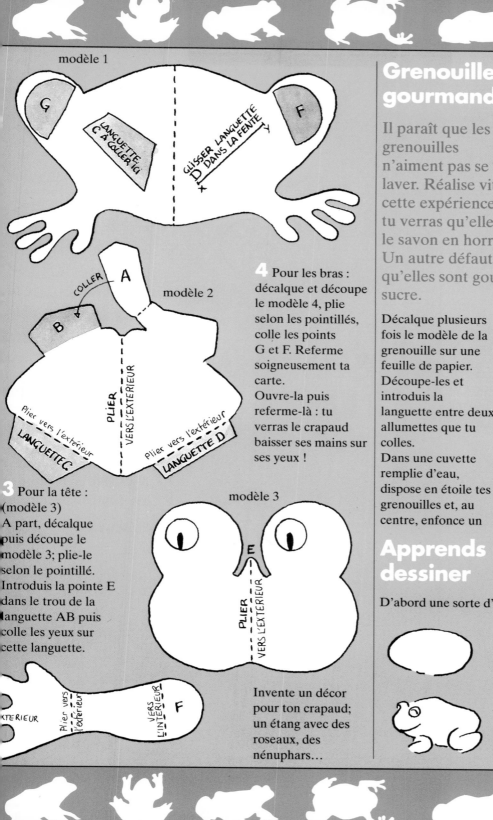

modèle 1

modèle 2

modèle 3

G — F

LANGUETTE C À COLLER ICI

GLISSER LANGUETTE D DANS LA FENTE

Y — X

COLLER — A

B

PLIER VERS L'EXTÉRIEUR

Plier vers l'extérieur

LANGUETTE C

Plier vers l'extérieur

LANGUETTE D

E

PLIER VERS L'EXTÉRIEUR

Plier vers l'extérieur

VERS L'INTÉRIEUR

F

EXTÉRIEUR

4 Pour les bras : décalque et découpe le modèle 4, plie selon les pointillés, colle les points G et F. Referme soigneusement ta carte.
Ouvre-la puis referme-là : tu verras le crapaud baisser ses mains sur ses yeux !

3 Pour la tête : (modèle 3)
A part, décalque puis découpe le modèle 3; plie-le selon le pointillé. Introduis la pointe E dans le trou de la languette AB puis colle les yeux sur cette languette.

Invente un décor pour ton crapaud; un étang avec des roseaux, des nénuphars…

Grenouilles gourmandes

Il paraît que les grenouilles n'aiment pas se laver. Réalise vite cette expérience et tu verras qu'elles ont le savon en horreur ! Un autre défaut est qu'elles sont gourmandes de sucre.

Décalque plusieurs fois le modèle de la grenouille sur une feuille de papier. Découpe-les et introduis la languette entre deux allumettes que tu colles.
Dans une cuvette remplie d'eau, dispose en étoile tes grenouilles et, au centre, enfonce un petit morceau de savon taillé en pointe.
Aussitôt voilà toutes les grenouilles parties ! Pour les ramener, retire le savon et trempe dans l'eau un morceau de sucre. Toutes les grenouilles se précipiteront dessus !

Apprends à me dessiner

D'abord une sorte d'œuf…

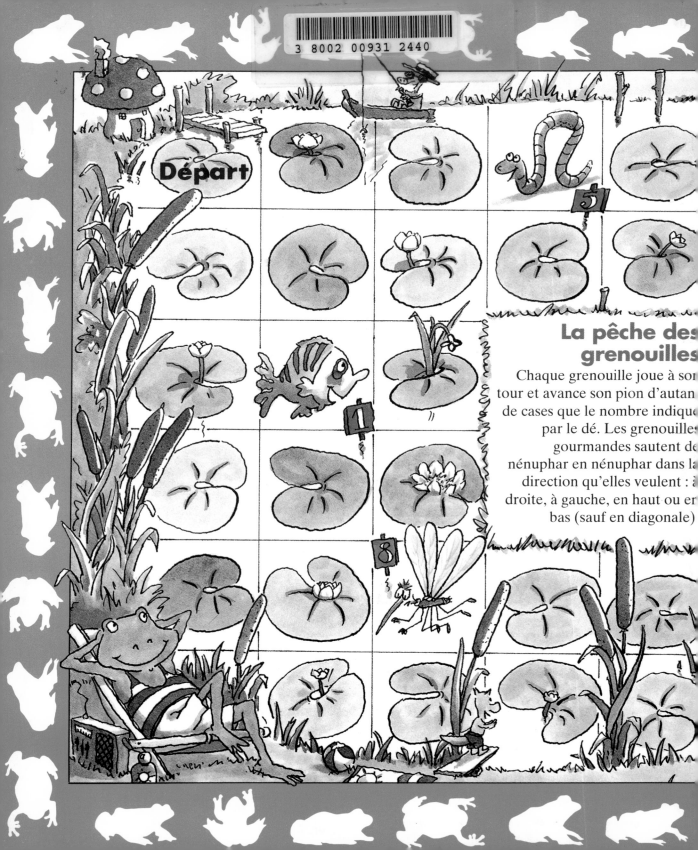

Départ

La pêche des grenouilles

Chaque grenouille joue à son tour et avance son pion d'autant de cases que le nombre indiqué par le dé. Les grenouilles gourmandes sautent de nénuphar en nénuphar dans la direction qu'elles veulent : à droite, à gauche, en haut ou en bas (sauf en diagonale)